POÈMES À CHANTER III

DU MÊME AUTEUR :

L'amour en cinquante sonnets (autoédition, 2006)
Et vogue la musique (autoédition, 2007)
Ballades humoristiques (autoédition, 2007)
De-ci de-là (autoédition, 2008)
Ballades des animaux (autoédition, 2008)
Des gens ordinaires (autoédition, 2008)
Sonnets fantastiques (autoédition, 2008)
Ballades des métiers (autoédition, 2009)
Sonnets pour le vingtième siècle (autoédition, 2010)
Sonnets anglais (autoédition, 2010)
Ballades botaniques (autoédition, 2011)
Sonnets pour deux générations (autoédition, 2011)
Rondeaux et rondels (autoédition, 2012)
Poèmes anciens (autoédition, 2012)
Haïkus et tankas (autoédition, 2012)
Ballades des quatre saisons (autoédition, 2013)
Chansons enfantines (autoédition, 2013)
Poèmes à chanter (autoédition, 2013)
Sonnets des six continents (autoédition, 2013)
Ballades satiriques (autoédition, 2014)
Poèmes à chanter II (autoédition, 2014)
Sonnets de l'Histoire de France (autoédition, 2015)
Poèmes coréens (autoédition, 2015)
Sextines de tous temps (autoédition, 2015)
Pantouns de France et d'ailleurs (autoédition, 2015)
Chants royaux d'hier et d'aujourd'hui (autoédition, 2015)
Sonnets pour une Provence mystérieuse (autoédition, 2015)
Sonnets pour un Paris mystérieux (autoédition, 2016)
Sonnets pour la ville d'Orange (autoédition, 2016)
Poèmes du monde entier (autoédition, 2016)
Sonnets en assonance (autoédition, 2017)
Sonnets pour les provinces de France (autoédition, 2017)

Michel MIAILLE

SONNETS À CHANTER III

Michel MIAILLE, éditeur

©Michel MIAILLE, éditeur, 2017
michel.miaille@orange.fr
ISBN : 979-10-91164-52-8
« Le code de la propriété intellectuelle interdit les copies ou reproductions destinées à une utilisation collective. Toute représentation ou reproduction intégrale ou partielle faite par quelque procédé que ce soit, sans le consentement de l'auteur ou de ses ayant cause, est illicite et constitue une contrefaçon, aux termes des articles L.335-2 et suivants du code de la propriété intellectuelle. »

*À tous les maîtres chanteurs de France et d'ailleurs,
Les vrais, ceux qui font la vie en rose ou simplement plus belle
Avec les mots qui courent sur les lèvres et dans les cœurs,
Ceux qui font valser, ceux qui font rêver,
Ceux qui font de doux souvenirs,
Ceux qui nous accompagnent tout au fil des jours
Le long des rues et des champs, de la vie tout simplement*

AVANT-PROPOS

Après avoir, dans un premier temps, offert au lecteur quelques vers destinés à devenir d'éventuelles chansons dans deux recueils intitulés tout simplement Poèmes à chanter, je me permets aujourd'hui de récidiver ; en effet, écrire des textes qui ne sont pas des poèmes mais pas encore des chansons avec refrains et couplets peut sembler un exercice curieux et paradoxal en même temps mais il est aussi très formateur.

Je soumets donc à nouveau au lecteur, aujourd'hui, cinquante autres textes destinés à faire chanter la vie même si ce n'est pas toujours forcément en rose. D'aucuns se diront peut-être en lisant mes mots : tiens, ça me rappelle quelque chose ; on dirait la chanson d'un tel, non plutôt celle de machin, allez donc savoir ; quoi qu'il en soit, ces textes sont entièrement originaux même, si, bien sûr, les thèmes sont souvent éternels et courent à travers les ans et les phrases sous des formes différentes.

Alors si vous le voulez bien, je vous emmène, à nouveau, en promenade ou en balade, dans le monde des mots, des vers, des refrains, de la musique, tout ce qui fait partie depuis toujours de la même famille, celle de la vie. Et puis, si ma petite expérience vous intéresse, vous pourrez vous aussi, la tenter en taquinant la muse et les mots, en chantant bien entendu.

Michel Miaille

Tous les textes qui suivent ont fait l'objet d'un dépôt auprès de la SACEM dont l'auteur est membre sous le numéro 00145859735

10

BONJOUR L'ENFANT

Tout petit bientôt tu vas naître
Il fait soleil à la fenêtre
Ce monde tout nouveau est fait pour toi
On t'attendait depuis toujours
Toi le fruit béni de l'amour
Qui va régner sous notre toit.

Tu pointes le bout de ton nez
Et pleures comme un nouveau-né
Mais tous tes cris sont comme une chanson
Que chacun écoute l'air ravi
L'âme et le cœur au paradis
Quand pointe un nouvel horizon

Bonjour l'enfant bonjour la vie
De très longs lendemains
T'attendent dès demain
Les ans et leurs soucis
Bonjour l'enfant bonjour la vie
Tu subiras le temps
Le cœur triste ou content
T'interrogeant souvent

Chacun s'en vient pour t'admirer
Et tout le monde est enchanté
De découvrir ta petite frimousse
Ton nez et puis tes jolis yeux
Et lequel est le plus heureux
Lorsque sans fin tu te trémousses

Les voisins les amis sont là
Les parents surtout ton papa
Lui qu'on vient sans cesse féliciter

Le ciel brille dans la clinique
Il a mis sa couleur magique
Le bleu semble s'être arrêté

On oublie les mois du futur
Et peut-être qui sait un avenir très dur
Tous ces moments ces jours à défier
Le mal laisse souvent sa trace
Lorsque tant de bonheurs s'effacent
Et que les mois nous sont comptés

COMME NOUS

Comme nous
D'autres refont le monde
Comme nous
En voulant inventer
Des idées
Pour refaire la terre
Retrouver le mystère
D'un plus bel avenir

Comme nous
Leurs pensées se morfondent
Comme nous
Ils crient au renouveau
Leurs propos
Ont la couleur des rêves
D'un beau jour qui s'achève
Pour ne plus revenir

Le temps qui court s'en va et les efface
Lui qui se plaît à tout briser
D'autres viennent et prennent la place
Pour à leur tour tout inventer

Comme nous
D'autres tournent dans une ronde
Comme nous
Des gens sont en sursis
Dans leur vie
Tandis que sur la route
Le bonheur et le doute
Se battent à l'envi
Comme nous
D'autres tentent leur chance

COMME UN LAC IMMENSE

Nous voguons dessus un bateau
Dans un long voyage en partance
Le cœur à deux le cœur solo
Partageant guerres et romances

Comme un lac immense une mer
L'amour est traversé
Par des flux doux-amers
Comme un fleuve avec ses remous
Il court dans notre vie
Dessus un long chemin
Comme une source offrant son eau
J'écoute son débit
Avec des bas des hauts
Comme un lourd torrent en colère
Il fait parfois du bruit
Et souvent il s'enfuit
Comme un lac immense une mer
Nous voguons sur ses flots
Offrant divers tableaux

Comme un lac immense une mer
L'amour est traversé
Par des flux doux-amers
Comme un fleuve avec ses remous
Il court dans notre vie
Dessus un long chemin
Comme une source offrant son eau
J'écoute son débit
Avec des bas des hauts
Comme un lourd torrent en colère
Il fait parfois du bruit
Et souvent il s'enfuit

Comme un lac immense une mer
Nous voguons sur des flots
Offrant divers tableaux

Nous faisons des efforts tous deux
Pour faire un long et doux voyage
Pour offrir longtemps à nos yeux
La douce image où l'amour nage

COMME UNE CHANSON DE PRÉVERT

La nuit fait éclater son ombre
Tandis qu'un réverbère luit
L'amour prend une couleur sombre
Auprès des portes de la nuit
On sent vivre un profond mystère
Où le mal rode à découvert
Dans une quête solitaire
Comme une chanson de Prévert

Brest a mis son manteau de brume
Son grand-voile dessus le port
L'océan livre son écume
Bravant les hommes leurs efforts
Barbara marche sous la pluie
Et les froidures de l'hiver
L'existence morne s'ennuie
Comme une chanson de Prévert

Les feuilles d'automne sont mortes
Avec les mots d'une chanson
Un vent glacial les emporte
En obscurcissant l'horizon
Pourtant des enfants vers l'école
Marchent et récitent des vers
Et leurs voix disent des paroles
Comme une chanson de Prévert

Pourtant l'espoir est en voyage
Dessus les ailes des oiseaux
On voit s'éclairer tant de pages
Où le ciel bleu fait ses châteaux
Voici que brille l'existence

Plus forte que maux et revers
Les phrases sont en récompense
Comme une chanson de Prévert

DANS DES LITS SUR LA TERRE

Secoués par des bruits
Remués par l'extase
Des amants sont conquis
L'âme et le cœur en phase
Le jour souvent la nuit
L'amour se fait mystère
Ou quelquefois rugit
Dans des lits sur la terre

Les gestes sont fougueux
Et la passion tenace
Quand brûlent mille feux
Dans de longs face-à-face
Les éternels aveux
Chantent l'anniversaire
De tous les gens heureux
Dans des lits sur la terre

Les gestes sont banals
Le cœur se désespère
Tout est bien trop normal
Dans des jours sans repère
Rien n'est plus triomphal
Rien ne court vers Cythère
Dans un vide abyssal
Dans des lits sur la terre

On suit pourtant enfin
La route quotidienne
Sur les divers gradins
D'une vie qu'on fait sienne
Simple et pas trop coquin
Sans gloire et sans chimère

L'amour suit son chemin
Dans des lits sur la terre

DANS TES YEUX

Dans tes yeux
Je relis notre histoire
Dans tes yeux
Tout me parle de nous
Leurs éclats
Brillent mieux que personne
Au fil des jours qui tonnent
Entre Hier et toujours

Dans tes yeux
Je sais voir la tendresse
Dans tes yeux
Où s'écrit le bonheur
Sa chaleur
Au fil du temps m'inonde
Au cœur de cette ronde
Sans fin jour après jour

J'y passe et repasse et voyage
Trouvant le plus beau des cadeaux
J'y lis le temps dans chaque page
Et me raccroche à ce radeau

Dans tes yeux
Quand la fureur s'élance
Dans tes yeux
Je vois des airs violents
Quand le vent
Se transforme en tempête
Et quand nos tête-à-tête
Virent à l'affrontement

Dans tes yeux

Je lis comme en un livre
Dans tes yeux
Mon parcours s'est inscrit
Des jours tout gris jusqu'au temps du rêve
Je mesure les ans et les jours parcourus

Dans tes yeux
Je vis et je m'enivre
Dans tes yeux
Furieux ou réjouis
Je navigue entre joie et colère
Des changements s'opèrent

Le chemin est très long
Le parcours est immense
Mais j'y découvre si souvent
La tendre image de la chance
Au fil de notre long roman

Dans tes yeux
Je vis et je délire
Dans tes yeux
Je refais notre vie
Celle qu'on aura vécue ensemble
Celle qui brille en nous celle qu'on nous envie

DES MOTS DES PHRASES

J'ai dit des mots j'ai dit des phrases
Et tout ce qu'il ne faut pas dire
Toutes ces choses qui s'embrasent
Et qui un jour vous font maudire
J'ai trop parlé tant pis pour moi
Je n'ai pas su me méfier
Beaucoup trop confiant quelquefois
Dans mes drôles d'idées

J'ai dit des mots j'ai dit des phrases
Tant de vérités qui soupirent
Ces cris que les tyrans écrasent
Et vous font craindre le pire
Taisez-vous donc les gros parleurs
Même les murs ont des oreilles
Qui savent freiner les ardeurs
Les folies sans pareilles

J'ai dit des mots j'ai dit des phrases
Qui m'ont mené au peloton
Quand toute une nation s'embrase
Avec la haine et ses moissons
Tant pis pour moi mes illusions
Je pars avec quelques regrets
Demain verra d'autres saisons
Pour notre humanité

Pourtant je ne regrette rien
Des phrases des mots rien

DONNER UN SENS A MA VIE

J'ai choisi le plus beau métier
Pour m'y donner le cœur entier
Faire tant de choses que j'aime
Et m'inscrire dans un système
En persévérant des années
Face aux jours qui m'étaient comptés
J'ai fait ce qui me semblait beau
Un peu par passion par envie
Pour prendre le temps en cadeau
Et donner un sens à ma vie

J'ai vécu dans un beau pays
Pour plaire à mes yeux éblouis
Entre un ruisseau et une rivière
Au cœur d'une nature fière
En admirant les arbres verts
Ou la neige au cœur des hivers
J'ai admiré des châteaux d'eau
Un peu par plaisir par envie
Pour profiter de ces joyaux
Et donner un sens à ma vie

J'ai découvert enfin l'amour
Le bonheur avec son parcours
Le monde fou de la jeunesse
Les cris les éclats de tendresse
La joie d'avancer à plusieurs
Avec des rires et des heurts
Je suis resté papa gâteau
Par habitude et par envie
Pour rester simple dans ma peau
Et donner un sens à ma vie

J'ai redouté souvent la mort
Celle qui vient au dernier port
Pour soustraire l'homme à sa chance
Quand l'inconnu soudain s'avance
Pour un paradis incertain
Un autre univers si lointain
J'ai vu le temps comme une peste
Au bout d'une route ravie
En profitant de ce qui reste
Pour donner un sens à ma vie

EN PARCOURANT LA TOILE

Avide de savoir
Féru de connaissances
Me voilà chaque soir
Devant le monde immense
J'ai beau me retenir
En voyant tant d'étoiles
Voici mon grand plaisir
En parcourant la toile

Me voilà très ému
Devant le grand voyage
Et rien ne compte plus
Là face à tant d'images
Le monde m'apparait
Comme un bateau sans voiles
Où je vais me noyer
En parcourant la toile

Pour découvrir des gens
À l'autre bout du monde
Je parcours mon écran
Que des couleurs inondent
Je frappe mon clavier
L'univers se dévoile
Devant mes yeux fixés
En parcourant la toile

Puis je m'endors soudain
Après toutes ces heures
Juste avant le matin
Lorsque les nuits se meurent
Et je pense avant tout
Lorsque mes yeux se voilent

Au prochain rendez-vous
Pour parcourir la toile

JE CROIS

Je crois par certitude à de grandes idées
Quelquefois démodées
Par foi par conviction
Je crois le plus souvent de façon réaliste
Ou très idéaliste
Parfois par réaction

Et je défile alors la tête convaincue
L'âme jamais vaincue
Le corps toujours partant
Et je suis sans regret un parcours qui s'impose
Le cœur jamais morose
En allant de l'avant

Je crois en un seigneur tout de miséricorde
Qu'un ciel de joie m'accorde
Et vis le cœur fervent
Je crois avec ardeur à cette idée profonde
Ce rayon qui m'inonde
Ce bonheur sans égal

À cette croix murale ces vibrantes statues
Ces paroles reçues
Face au modeste autel
À cette religion avec son Évangile
Ses versets qui défilent
Pour les humbles mortels

Je crois aux êtres humains dans une longue quête
Je crois à la défaite
Aux lendemains promis
Je crois en leur raison leurs sacro-saints principes
Auxquels je participe

Dans de longs jeux d'amis

À leurs élans de cœur et leur besoin de faire
De faire et de parfaire
Les choses d'ici-bas
Tant de simples bonheurs qui font grandir un être
Un court instant peut-être
Celui qu'on ne voit pas

Je crois à cet amour celui qui vous chavire
Vous fait pleurer ou rire
Parfois faisant semblant
Je crois à la passion qui souvent vous enflamme
Pour les yeux d'une femme
Et vous rend différent

À l'enfant qui vous fait une vie exaltante
Dans une belle attente
Qui bientôt s'en viendra
Et fera démarrer une vie de lumière
Une existence entière
Qui vous transformera

Je crois tout simplement en la vie l'existence
Qui chaque jour commencent
Avec un ciel nouveau
Je crois sans en douter à cette marche nouvelle
Quand le temps nous appelle
Sous d'autres cieux plus beaux

Je crois plus fort en tout et je défie les peines
Les peurs avec les haines
Qui nous voient de très haut
Et je crois sans répit aux humains mes semblables
Moi juste un peu coupable
De nos fautes nos maux

Je crois c'est sûr, je crois
À l'éternelle ronde
À l'espoir qui abonde
Et pour vaincre les croix
Faire les meilleurs choix
J'y crois j'y crois

JE ME SOUVIENS DE NOUS

Le temps passé nous interpelle
Je me rappelle la jeunesse
Je me souviens de nous
Je me souviens de nous
Je revois cette demoiselle
Qui savait me troubler sans cesse
Je me souviens de nous
Je me souviens de nous

L'amour jouait sa symphonie
Sa magnifique litanie
Très simplement pour nous
Lui nous emportait sur ses ailes
Dans des folies toujours nouvelles
Tout simplement pour nous
Des querelles jusqu'aux batailles
Des pleurs à la prochaine nuit
Je me souviens de nous

La vie nous offrait son espace
Sa route et ses mille parcours
Je me souviens de nous
Je me souviens de nous
Puis les années sont là qui passent
Finissant par gagner toujours
Je me souviens de nous
Je me souviens de nous

De ce bilan de nos deux vies
Nous reste-t-il d'autres envies
Et d'autres découvertes
Si chaque jour qui recommence
Nous amène son lot de chances

Le temps nous déconcerte
Lui qui me redit face à face
Je suis cet ennemi qui court
Je me souviens de vous

Je me souviens de vous

JE PARTIRAI LÀ-BAS

Je partirai là-bas courir tous les pays
Voyager tout au loin faire le tour du monde
Voir s'il fait beau ailleurs et si la terre est ronde
Le cœur flambant d'extase et les yeux éblouis

Je partirai là-bas l'âme et le cœur en feu
Découvrir d'autres cieux comme on part pour Cythère
Pour donner mon avis faire des commentaires
Sur les choses les gens ou ce qui compte peu

J'imprimerai mon nom et laisserai des traces
Avec ma folle ardeur avec des mots nouveaux
Des ouvrages d'enfer que rien jamais n'efface
Toute une ville entière et même des châteaux

Je partirai là-bas courir tous les pays
Briller comme un soleil faire la nique aux autres
Être un seigneur local jouer les bons apôtres
Je partirai là-bas vers un destin promis

Mais du temps est passé tout en tournant les pages
Mes rêves sont inscrits dans un faux livre d'or
Mes projets insensés mes superbes voyages
Sont entassés ici dans un passé qui dort

Je partirai là-bas courir tous les pays
C'est ce que je disais du temps de ma jeunesse
À présent les vieux jours me courent après sans cesse
Riant de mes folies de mes printemps enfuis

JE RECOMMENCERAIS

Le printemps avait mis ses fleurs
Tous ses beaux habits du dimanche
Les oiseaux avaient l'air moqueur
Tout en bas riaient les pervenches
On avait tout juste seize ans
À peine sortis de l'enfance
On a refait papa maman
Dans une drôle de romance

J'ignore comment ça s'est fait
Pourtant je recommencerais

Tu as juste un peu résisté
Comme quelqu'un de raisonnable
Lorsque je t'ai déshabillée
Entre l'océan et le sable
Ça n'a pas duré très longtemps
Tandis que je mordais tes lèvres
Une éternité un instant
Avant que retombe la fièvre

J'ignore comment ça s'est fait
Pourtant je recommencerais

Aujourd'hui le temps s'est enfui
Sur nos souvenirs à la pelle
Demain lentement se réduit
Quand la vieillesse nous appelle
Mes cheveux sont devenus blancs
Et ton corps a changé de formes
Pourtant malgré le cours des ans
Avant que le passé s'endorme

Je sais comment tout ça s'est fait
Alors je recommencerais

JE REPARS CHEZ MON PÈRE

Je repars chez mon père
Loin d'ici de cette galère
Sans haine et sans pensée amère
Je savais qu'il faudrait partir

Je repars chez mon père
Suivre un nouvel itinéraire
Me faire une vie ordinaire
Comme au temps de nos souvenirs

Toi ma mère adieu et merci
Toi ma mère au loin nos années en allées
Il te reste des tas d'amants
Pour un an ou pour un instant
Pour te refaire un cœur content
Malgré tous nos conflits nous resterons aussi
Amies

Je repars chez mon père
Un peu joyeuse un peu amère
Sans tous ceux que je n'aimais guère
Et qui m'ont fait déjà souffrir

Je repars chez mon père
Comme au bon vieux temps de naguère
Pour me fabriquer je l'espère
Des jours heureux un avenir

JE REVIENDRAI

Un jour fier couronné de gloire je reviendrai
Un jour fier couronné de gloire je reviendrai
Vous chanterez moi j'en rirai
Vous rirez fort je chanterai
Prêt à redire mon histoire je reviendrai

Heureux comme un héros du monde je reviendrai
Tout plein d'une vie féconde je reviendrai
Vous envierez le galopin
Le garçon plein de baratin
Le provençal et sa faconde bravant l'été

Chargé des bonheurs de la vie je reviendrai
Le cœur neuf la mine ravie je reviendrai
Le temps les illusions perdues
Me seront toujours inconnus
Face aux jaloux face aux envies je reviendrai

Vous mes rêves tous mes rêves
Vous voici comme des rois
Parfois le bonheur s'achève
Lorsqu'on s'en revient chez soi

Un jour dessus des chemins tristes je reviendrai
Un jour dessus des chemins tristes je reviendrai
La haine en plus l'amour en moins
Je n'aurai pas eu de bons points
L'âme et le cœur en pénitence je reviendrai

En maudissant un vieux navire je reviendrai
Bof vous me direz y'a bien pire je reviendrai
Fini les honneurs en surface

Mon existence a bu la tasse
Malgré l'ironie les sourires je reviendrai

Vous mes rêves tous mes rêves
Mes petits bonheurs à la noix
Aujourd'hui vous voilà en grève
Et tant pis pour le mauvais choix

JE VOUDRAIS VOYAGER

Pour découvrir les hommes et d'autres univers
Pour mettre d'autres sons tout au creux de ma tête
Pour à longueur d'années partager tant de fêtes
Sous des rêves nouveaux pas forcément très clairs
Je voudrais voyager
Je voudrais voyager

Pour gouter les saveurs humer tous les parfums
Pour m'imprégner alors d'une nouvelle terre
Pour être le passant qui s'en va vers Cythère
Dans le secret espoir de découvrir quelqu'un
Je voudrais voyager
Je voudrais voyager

Pour aimer mille femmes et découvrir leurs peaux
Pour rechanter l'amour avec ses mille frasques
Pour voir des cieux nouveaux et leurs couleurs fantasques
Tant de pays lointains où flottent leurs drapeaux

Pour me sentir plus jeune et tout plein d'avenir
Pour recroire au printemps aux folies de jeunesse
Pour fuir tout un passé qui me poursuit sans cesse
Avec ses vieux tracas et cherche à revenir
Je voudrais voyager
Je voudrais voyager

Pour quitter ton image et tout ce qui fut nous
Pour ne plus supporter tous les jours de souffrance
Pour enfin conquérir un temps d'indifférence
Loin de la nostalgie qui veut me rendre fou
Je voudrais voyager
Je voudrais oublier

LE MARI DE MA MAMAN

Le mari de ma maman
Je le vois très souvent
Et partage sa vie
Au fil des mois des jours
En soleil ou en pluie
En haine ou en amour
Ensemble si souvent
Nous sommes condamnés à vivre l'un et l'autre
Dans le même univers dans la même maison
Quant à défaut d'amour doit régner la raison
Au cours d'une existence qui est pourtant la notre

Le mari de ma maman
Je lui parle souvent
Et nous faisons amis
Comme des gens heureux
Dans la même existence
Jouant au même jeu
Dans la même romance
Mais nous faisons semblant d'être une vraie famille
Entre le grand silence et les jours de rancœur
Avec l'indifférence parfois même la peur
Notre partage flou lentement se gaspille

Le mari de ma maman
Je le hais trop souvent
Je regrette celui
Que j'appelais papa
Au cours d'une autre vie
D'un temps si loin déjà
Sans fâcheux contretemps
Je rêve de m'enfuir à l'autre bout du monde
Retrouver mon vrai père et l'auteur de mes jours

Pour refaire à nouveau ensemble le parcours
Bien loin de ce chemin pour âme vagabonde

Sans véritable place
Petit j'ai vu le pire
Qu'on voit souvent hélas
Quand un cœur lourd soupire

Je ne suis pas l'enfant
Du mari de maman

LE MONDE VA SON COURS

L'article est très banal
Dessus un bout de page
Au début du journal
Entre rires et pleurs
Voilà qu'une journée
Offre un nouveau voyage
Une autre randonnée
De toutes les couleurs

La vie est en départ
Ou en désespérance
Chacun aura sa part
Dans la grande illusion
Qui vient jouer des tours
Où chacun veut sa chance
Malgré lui tous les jours
En bousculant la vie
La vie

Le monde va son cours dans ses courses insensées
Sans pourquoi ni comment devant nos pauvres yeux
On reste spectateur de nos tristes pensées
Subissant le vouloir de ces temps malheureux

L'écran est allumé
Une image ordinaire
Court autour de la terre
Sans toute sa rigueur
Quand la planète en feu
Rejoue sa symphonie
De manière infinie
Couleur malheur bonheur

Un homme a eu raison
De crier sa victoire
Et maintenant son nom
Brille dans son pays
Son imposante allure
A vaincu ses déboires
Bientôt la dictature
Fera peser sa nuit

Ailleurs des prisonniers
Se taisent et se lamentent
Tous seuls abandonnés
Ils voient venir l'exil
Cet horrible destin
Que la télé commente
Comme un malheur sans fin
Qui vient briser leur vie
Leur vie

Le monde va son cours avec sa frénésie
Comme un bel animal un monstre déchainé
On reste spectateur en proie à l'amnésie
Homme parmi les hommes libres et enchainés

Un vaincu un vainqueur
Chacun a pris sa place
La vie a plusieurs faces
Dans ses divers cahiers
Tant de pages s'envolent
Et ce qu'on croyait juste
Déjà se fait vétuste
Avant que d'être usé

Usé
Usé Usé

LE NAUFRAGE

Je l'avais décidé
Un jour du mois de mai
Décidé pour de vrai
Enfin de m'embarquer
Pour ce pays là-bas

J'avais tout calculé
Ce qu'il faudrait payer
Pour ce lointain voyage
Ce départ en secret
Pour tourner une page

Choisir des lendemains
Et vivre une autre vie
Dans des jours plus humains
Qui me faisaient envie
Où me guidaient mes pas

Je voulais m'en aller
Vers un ciel bleu rêvé
Où le ciel est plus clair
Le monde moins amer
Au bout d'une autre mer

Un jour je rejoindrai
Des amis exilés
Ceux partis avant moi
Chercher un autre toit
Un nouvel avenir

Vive ce temps béni
Et ces ans plus jolis

Merci beaucoup le monde
Merci pour cette ronde
Que le bonheur inonde

Mais le rêve est fini
Mais la vie s'est enfuie
Avec ce long naufrage
Cette maudite plage
Où se meurt l'avenir

Mon rêve avec mon corps
Gisent tous les deux morts
Partis vers le néant
Celui des pauvres gens
Qu'on oublie si souvent

LE NOUVEAU-NÉ

J'ai bougé pendant longtemps
Dans le corps de maman
De gestes agités

Je l'ai faite trop souffrir
Laissant des souvenirs
Dans son ventre blessé

Me voilà tout près du jour
Des hommes pour toujours
Où il faut s'insérer

Voici venir la sortie
Je vous rejoins ici
Dans cette maternité

Me voilà moi le nouveau-né

Le personnel est présent
Pour le nouvel enfant
Qui rentre dans le port

Je regarde l'infirmière
Dans cette pouponnière
Où commence mon sort

Qui sont tous ces inconnus
Tous ces gens jamais vus
Où je fais mon entrée

Bonjour et salut à tous
Un vent nouveau me pousse
Et je viens vous saluer

Me voilà moi le nouveau-né

Juste une petite place
Chemin du temps qui passe
Sans jamais s'arrêter

Tant pis si la vie fait mal
Dans son grand carnaval
Que je viens visiter

Oui, me voilà le nouveau-né.

LE PLUS BEAU DE TOUS MES PROJETS

Je ne veux pas de grands châteaux
D'autos qui vont à toute allure
D'une croisière en paquebot
Tous ces rêves fous qu'on capture
Je n'aime pas les lourds palais
Les dorures qui vous enchantent
Les faux-semblants des roitelets
Ces choses frivoles qui mentent

Le plus beau de tous mes projets
C'est juste de vivre avec toi

Je ne cherche pas les beautés
De la star ou de la princesse
Tant de femmes au cœur léger
Qui vous éblouissent sans cesse
Je ne veux surtout pas souffrir
À cause d'un charmant visage
Qui vous fait d'amers souvenirs
Lorsque l'on doit tourner la page

Le plus beau de tous mes projets
C'est juste de vivre avec toi

Quelle mouche les a piqués
Tous ces aveugles tous ces hommes
Emplis d'orgueil et de péchés
Soucieux de croquer la pomme
Je me moque de leurs envies
Et je ne veux rien leur dire
Ou plutôt simplement ceci
Devant celle que je désire

Le plus beau de tous mes projets
C'est juste de vivre avec toi

LE TEMPS PERDU

Les souvenirs les mois en fuite
Tout est foutu
Regarde-le
Regarde-le te redire sa ritournelle
Il s'est fait sans regret la belle
Le temps perdu

Il a cassé il a brisé
Le plus têtu
Des mots sont morts
Des mots sont morts dans des fantasmes inventés
Au vent de nos rêves brisés
Le temps perdu

Le temps perdu
Il démonte tant de folies
Le temps perdu
Et tant de fugues abolies
Le temps perdu
Tant de choses qu'on n'a pas faites
Au fil des ans
Le temps perdu
Tous tes parcours jouent de malchance
Le temps perdu
Ne t'a pas joué sa romance
Le temps perdu
Seul te rappelle en permanence
Tes vieux printemps

Tu le revois et tu lui parles
D'un vieil amour
Mais lui s'en fout
Il te regarde avec des yeux de nostalgie

Avec ce regard où meurent les envies
Le temps perdu

Le temps perdu
Il démonte tant de folies
Le temps perdu
Et tant de fugues abolies
Le temps perdu
Et ces choses qu'on pas faites
Au fjl du temps

Le temps perdu
Il t'envoie ses lourdes blessures
Le temps perdu
Il a filé à toute allure
Le temps perdu
Il se moque de tes défaites
Et de tes ans

Le temps perdu
Il est roi parmi les années
Le temps perdu
Depuis longtemps il a gagné
Le temps perdu
Quand il nous voit tous résignés
Le temps perdu.

LES HOMMES DANS LA RUE

Ces hommes dans la rue tous leurs pas confondus
Où s'en vont-ils qui sait
Ils marchent décidés le cœur très excité
L'âme toute exaltée
Leurs rêves sont là-bas tout à portée de bras
Ou simplement ici
Le monde va son train il s'en va vers demain
Dans ses habits

Qu'est ce qui les fait courir
Tout autour de la terre
L'argent la gloire et ses mystères
Allez donc deviner
Où le bien où le mal se sont cachés
La vie a ses secrets tout autour de la terre
L'amour et les passions cachent bien des mystères
Chacun vient y chercher ce dont il a besoin
Dans sa vie

Ils emmènent des rêves qui viennent ou qui s'achèvent
Des jours de grand espoir ou des nuits sans sommeil
Des instants de soleil de grands jours à revoir
À quoi pense la vie aux bonheurs aux soucis
Aux choses de toujours
Regarde leur chemin suppose leur destin
Dans ce qui court

Qu'est ce qui les fait courir
Tout autour de la terre
L'argent la gloire et ses mystères
Allez donc deviner
Où le bien où le mal se sont cachés

La vie a ses secrets tout autour de la terre
L'amour et les passions cachent bien des mystères
Chacun y vient chercher ce dont il a besoin
Dans sa vie

Qu'est ce qui les fait courir
Depuis la nuit des temps
Un autre bonheur qui les attend
Qu'est-ce qui les fait courir l'hiver ou le printemps
Si souvent

Qu'est ce qui les fait courir tout autour de la terre
L'argent la gloire et ses mystères
Allez donc deviner
Où le bien où le mal se sont cachés
La vie a ses secrets tout autour de la terre
L'amour et les passions cachent bien des mystères
Chacun y vient chercher ce dont il a besoin
Dans sa vie

LES REMPLAÇANTS

J'avais imaginé tout un monde de gloire
Sans début et sans fin sans autres horizons
La ronde défilait au fond de ma mémoire
Moi qui n'avais besoin d'aucune autre leçon
Mais soudain les voici qui tentent l'aventure
S'imaginant alors que tout leur est permis
Ils défient l'univers d'une voix presque dure
Et bousculent le temps le jour et puis la nuit

Les remplaçants
Ils viennent un jour par hasard
Dessus la ligne de départ
Vous laissant soudain seul les yeux tristes hagards
Prêts à triompher sans retard
Pressés.

Les remplaçants
Sont là soudain et vous déplacent
Cherchant simplement une place
Ils vous poussent dehors d'un air tenace
Ainsi passent le temps la vie ses angoisses

Je croyais la tenir jusqu'au bout de mon âge
Cette femme si douce portant mon avenir
J'allais chanter sans fin l'amour dans tant de pages
Le cœur tout enflammé mais plein de souvenirs
Mais un homme déjà pour ses grands yeux soupire
Tandis que naît pour eux le temps de la passion
Je n'ai pas l'âme gaie ni le cœur à sourire
Notre chemin à deux a raté sa mission

Les remplaçants
Ils viennent un jour par hasard

Dessus la ligne de départ
Vous laissant soudain seul les yeux tristes hagards
Prêts à triompher sans retard
Pressés

Les remplaçants
Sont là soudain et vous déplacent
Cherchant simplement une place
Ils vous poussent dehors
Ainsi passent le temps la vie ses angoisses

Voici déjà venir la fin de l'existence
Le futur vient chanter son triste chant de mort
Les mois furent bien courts hélas quand j'y repense
Chacun dit ses regrets et pleure sur son sort
Eux sont là tous debout le cœur en allégresse
Prêts à tout bousculer le temps les lendemains
Se moquant bien enfin de ce temps qui nous blesse
À travers son parcours son voyage inhumain

Les remplaçants
Ils viennent un jour par hasard
Dessus la ligne de départ
Vous laissant soudain seul les yeux tristes hagards
Prêts à triompher sans retard
Pressés

Les remplaçants
Sont là
Soudain et vous déplacent
Cherchant simplement une place
Ils vous poussent dehors
Ainsi passent le temps la vie ses angoisses

MA REMPLAÇANTE

Est-ce qu'elle est plus jolie que moi
Elle qui t'enjôla dès la première fois
Par son sourire et par ses bras
En sachant m'enterrer déjà

Est-ce qu'elle est plus sexy que moi
Elle qui mit le feu dedans ton corps pantois
Avec passion avec fureur
Déchainant tes sens et ton cœur

Je sais qu'elle a trouvé le ton et la manière
Pour soumettre ton âme fière

Est-ce qu'elle avait un secret
Pour t'exciter le corps par de nouveaux attraits
Te faisant perdre la raison
En t'ouvrant d'autres horizons
Ma remplaçante.

Est-ce qu'elle est plus calée que moi
A-t-elle lu souvent les livres des grands rois
Les traités de philosophie
Et ceux qui nous ont tout appris

Est-ce qu'elle parle mieux que moi
Maniant notre langue avec des feux de joie
Connaissant tout Châteaubriand
Les poètes de tous les temps

Je crois qu'elle a trouvé les phrases et les mots
Te les offrant tels des cadeaux

Est-ce qu'elle est plus forte que moi

Entretenant sans fin ta maison et ton toit
Dans tant de travaux quotidiens
Qui font que chez soi on est bien
Ma remplaçante

Est-ce qu'elle est plus riche que moi
A-t-elle des écus cachés par devers soi
Des lingots ceux qui font rêver
Et des pièces qu'on voit briller

Est-ce qu'elle est plus connue que moi
Brillant comme un soleil et réveillant sa proie
T'apportant tout au fil des jours
Des bribes des gens de sa cour

Est-ce qu'elle est plus grande que moi
Dans les élans d'amour d'un corps qui se déploie
Elle qui m'enterre aujourd'hui
Dans un avenir tout en pluie

Est-ce qu'elle ne vit que pour toi
Toi qui sacrifias nos peines et nos joies
Pour ce bonheur avec une autre
Cette autre avec qui tu te vautres
Ma remplaçante

MÉFIEZ-VOUS DE L'EAU QUI DORT

Cet homme affiche un grand sourire
Avec des mots tout en chaleur
Presque tout le monde l'admire
Et reparle de sa valeur
Mais on dit aussi en cachette
Qu'il cache une âme de bandit
Que toute la police enquête
Sur tout ce qu'il a fait jadis

Méfiez-vous de l'eau qui dort
De la vase est cachée dessous

Voyez cette sainte nitouche
Cette femme de vraie vertu
On dit qu'un seul homme la touche
Bien loin d'un parcours décousu
Pourtant quelques mauvaises langues
Disent que très souvent la nuit
On entend son vieux lit qui tangue
En l'absence de son mari

Méfiez-vous de l'eau qui dort
De la vase est cachées dessous

Écoutez les douces paroles
De tous ces puissants chefs d'Etat
Avec des mots de barcarole
En avançant à petits pas
Ils cachent les bruits de leurs armes
Avec leurs cris vindicatifs
Sous des sourires qui désarment
Et masquent leurs préparatifs

Méfiez-vous de l'eau qui dort
De la haine est cachée dessous

MON CHEMIN

J'ai trouvé le plus bel endroit
Celui que m'a donné la chance
Et quand j'y repense parfois
J'y vois le bonheur qui s'avance

Mon chemin c'est aussi le tien
Celui qu'on fait ensemble
Le jour et le matin
Ma route c'est aussi la tienne
Dans la même chanson
Et le même refrain
Nos cœurs c'est aussi le bonheur
La vie en harmonie
Qui résonne à toute heure
Mon corps connait si bien le tien
Et nos étreintes à nous
Font même des jaloux
Mon chemin c'est aussi le tien
Dans l'éternel parcours
Qu'on appelle l'amour

Mon chemin c'est aussi le tien
Celui qu'on fait ensemble
Le jour et le matin
Ma route c'est aussi la tienne
Dans la même chanson
Et le même refrain
Nos cœurs c'est aussi le bonheur
La vie en harmonie
Qui résonne à toute heure
Mon corps connait si bien le tien
Et nos étreintes à nous
Font même des jaloux

Mon chemin c'est aussi le tien
Dans l'éternel parcours
Qu'on appelle l'amour

On a fait un pari pour toujours
Même si quelquefois le doute
Brouille les sentiers de l'amour
Nous atteindrons le bout de notre route

MON DEMI-FRÈRE

Il est présent mon demi-frère
À chaque instant de notre existence
De cette vie dessus la terre
À coups de chance et de malchance
Même maman plus de papa
Et tous ces jours partagés à deux
Et ces années qu'on a vu passer
Quels sentiments dans nos deux cœurs

Il est présent mon demi-frère
Dans ces matins où chaque jour commence
Tant de joies tant de colères
De pleurs de rires en alternance
Vous mes copains comprenez bien
Le monde change et l'on s'échange
Tous les papas et les mamans
Sur les marches du temps

Il est présent mon demi-frère
Alors on va et puis on s'habitue
On deviendra peut-être frères
Les compagnons de choses vues
Alors merci alors tant pis
La vie s'en va de son grand pas
Et pour l'instant on vit ensemble

L'avenir sera notre affaire
L'avenir l'avenir

MON FILS

J'ai vécu trop tranquille
Bien loin des récompenses
Sans voir le temps qui file
Sans bousculer la chance
La chance
Simple passant du temps
Sans rêves de héros
Râleur ou bien content
J'étais presque de trop
Dans l'existence creuse
Loin des moments de gloire
Courant entre berceuse
Et mélodie qui foire

Mon fils
Tu me remplaceras
Mon fils debout
Tout ce que je n'ai pas pu faire
Joue-le même au poker
Comme un superbe roi un soldat

Je n'ai rien fait pour plaire
Par des charmes secrets
Tout m'était ordinaire
Sans honneur sans chiquet
Sans chiquet
Je n'ai pas tout reçu
Du monde et ses folies
Tant de fausses vertus
Des choses trop polies
J'ai suivi mon chemin
Ce parcours uniforme
D'un homme sans destin

Sans brillant haut-de-forme

Mon fils
Toi tu me grandiras
Mon fils
Debout dans ton aura
Là où iront tes pas
Où tu me survivras
Le cœur empli de certitudes
Tout là-bas

J'ai vu l'amour sincère
Sans grandes aventures
Les jours avec ta mère
Et le bonheur qui dure
Qui dure
Je n'ai pas été prince
Ni seigneur conquérant
Ma fortune fut mince
Mes coffres étaient trop grands
Je n'ai pas à rougir
Pourtant devant les hommes
Ma route va finir
Loin des chemins de Rome

Mon fils
Tous les deux mon fils
Mon fils
Dessus le temps qui glisse
Pourtant
On se ressemble
Dans un même édifice
Partageant
Tous les maux la douleur
Et les délices

Mon fils
On est pareils mon fils
Mon fils
L'âme et le cœur lisses
Mais ce que je n'ai pas pu faire
Fais-le sans mystère
Mon fils

NOS ENFANTS SONT GRANDS

Nos enfants sont grands
Nos enfants sont grands
La vie s'est enfuie
À longueur de temps
Ils s'en vont déjà
Conquérir la vie
Conquérir l'envie
Défier les jours

La tête ravie
Loin des grands discours
Ils vont conquérir
Ils vont conquérir
Le monde à deux mains
Son immensité
Le monde demain
Qu'ils vont défier

Nos enfants sont grands
Nos enfants sont grands
La vie s'est enfuie
À longueur de temps
Ils s'en vont déjà
Vivre d'autres jours
Connaitre l'amour
Au bruit de leurs pas

Alors résignés
Nous faisons semblant
D'être très heureux
D'être très heureux
Avec le cœur lourd
Nous voulons sourire

Avec le cœur lourd
Pour ne pas pleurer

Et nous revoyons
Et nous revoyons
Les mois de l'enfance
Les jours de la chance
Quand s'ouvrait la route
Des jeunes années
Sans voir venir le doute
Le temps des regrets

NOUS AVONS SEMÉ DES CAILLOUX

Nous avons semé des cailloux
À chaque instant de l'existence
De tous ces moments les plus fous
Jusqu'au parcours le plus intense
Depuis ce jour déjà lointain
De notre première rencontre
Et de ces temps très incertains
Qu'un vieux passé déjà nous montre

Nous avons connu le meilleur
Et les tristes jours de malchance
Les déceptions avec la peur
Ce qui fut nous quand on y pense
Nous avons vu tous nos enfants
Grandir et se faire la paire
Après nos jours de dévouement
Et parfois même le temps précaire

Nous avons connu les beaux jours
Quand le ciel est de la partie
Et sait bien célébrer l'amour
Avec des époques bénies
La tempête se déchainait
Dans les grands moments de détresse
Mais pourtant tout se raccordait
Dans les éclats de la tendresse

Nous avons dit de vilains mots
Quand les difficultés s'invitent
Lorsque l'existence et ses maux
Sont de nouveau là et s'excitent
Mais notre beau serment d'amour
A triomphé des catastrophes

Trompant même la fin qui court
Lorsque la fin vous apostrophe

Nous avons semé des cailloux
À chaque instant de l'existence
Pour marquer tout ce qui fut nous
Des choses auxquelles on repense
Sur les galets du long chemin
Notre entente reste solide
Et si bientôt viendra la fin
Notre route reste limpide

NOUS RESTERONS AMIS

Puisqu'il nous restera des choses de la vie
De merveilleux moments des mois durs ou bénis
Des souvenirs communs et tout à partager
Dans un passé fiévreux mais jamais étranger

Ainsi nous le savons : nous resterons amis

Nos enfants nous rappellent ce temps enfui qui dort
Nos grands instants de joie dans un parcours retors
Il reste dans nos cœurs une éternelle route
Un sentier pour nous deux qui finit en déroute

Ainsi nous le savons : nous resterons amis.

On ne peut effacer de tout ce qui fut nous
Le bonheur au grand jour la vie aux mille atouts
La passion infernale les feux de l'existence
Ce qui fait qu'aujourd'hui soudain on y repense.

Ainsi nous le savons : nous resterons amis

À présent nos parcours suivent divers chemins
Et nous n'avançons plus en nous donnant la main
Pour tous les jours futurs tous les mois de tristesse
Nous redisent sans fin cette fin en tendresse

Puisque nous le savons : nous resterons amis

Ô VOUS LES JOURS

O vous les jours
Que je parcours content
Quelquefois en souffrant
Faites que ça dure longtemps
O vous
Si souvent capricieux
Si souvent malicieux
Redonnez-moi du temps

O vous les jours
On se dit tant de choses
Des gaies aux plus moroses
Je vous suis et tout à coup j'ose
O vous
J'ai peur que la jeunesse
Peu à peu disparaisse
Sans couronne et sans roses
Merci les jours
On fait la route ensemble
Dans ce qui nous rassemble
Comme nos cœurs qui battent l'amble
Je veux encore
Faire d'autres projets
Faire d'autres trajets
Simplement avec vous

Les jours
Un jour je m'en irai
Après la traversée
Où j'aurai longtemps navigué
L'amour
A vécu sous mon toit

Même quand il déçoit
Dans son parcours de fou
Je crois en vous toujours
Malgré le temps qui se joue
De tout
O vous ! Les jours !

ON RÊVE

On rêve
Face au printemps qui nous sourit
On rêve
Avec un sourire à la vie
On file
Toujours plus loin
En file
Sur le même chemin
Vers différents destins
On rêve
D'une route avec le bonheur
Et la sève
Que donne l'arbre le meilleur
Immense
Pour décrocher
On pense
La vérité
La chance

On rêve
À de brillantes saisons
Sans trêves
Avec des milliers de chansons
Brèves
Tous les plus sombres horizons
Finiront par je t'aime
On rêve
Nos sentiments comme des dieux
S'élèvent
Le bleu s'en va pour d'autres cieux
Où crève
Nos anciens projets audacieux

Se meurent et s'achèvent
On rêve
On passe
Quand la roue de notre existence
Se lasse se casse

OÙ VAS-TU

Toi le très jeune enfant où vas-tu décidé
Avec tes mots nouveaux ton pas mal assuré

Je m'en vais au loin tout droit vers l'avenir
Ne sachant pas très bien vers quel endroit courir
Je m'en vais je m'en vais sur les chemins de l'existence
L'âme en fête le cœur gai et je pars pour tenter ma chance
Sans savoir sans pouvoir maitriser ma vie mon destin
Un peu fou un peu flamme ignorant tous mes lendemains

Toi l'adulte si fier où cours-tu sans arrêt
Comme un bel animal une bête pressée

Je m'en vais très loin vers d'autres Amériques
L'âme et le cœur trop purs ou simplement cyniques
Je m'en vais-je m'en vais là-bas au bout de mes folies
Recherchant la fortune ou simplement quelques amis
Me voulant le plus fort en ayant jamais peur de rien
Prêt à m'emparer de ce monde que je voudrais mien

Toi l'homme déjà vieux où vas-tu résigné
Les jambes chancelantes la voix mal accordée

Je m'en vais là-bas rejoindre le tombeau
Ayant tout essayé sous mes cieux les plus beaux
Je m'en vais-je m'en vais oubliant rancœurs et rancunes
Loin des chemins de l'homme et loin des jours de la fortune
En remerciant Dieu tous les passants de notre terre
En m'excusant aussi pour tant de fautes de chimères

Nous voguons nous volons comme des météores

Parmi rires et pleurs la nuit et les aurores
Nous passons nous filons comme tout ce temps qui s'enfuit
Entre soleil ardent et les longues journées de pluie
Nous passons nous passons cherchant simplement le bonheur
Jusqu'à ce jour fatal où notre pauvre vie se meurt

PARS

Pars
Pars là-bas
Vis ta vie
Loin de moi
Enfiévré
Excité
Réjoui
Ébloui
Cours le monde
Ses folies
Dans sa ronde
Et ses nuits
Vers la peur
Le bonheur
Ignorant
Des tourments
Croque aussi
Tant de jours
Inédits
Dans tes yeux
Si curieux
Si heureux
Affolés
Excités
Pars au loin
Vers l'espoir
Vers demain
Vers la joie
Vers l'émoi
En chantant
Mon enfant

QUELQU'UN T'ATTEND

Quelqu'un t'attend au bout du monde
Avec son regard d'amoureux
Quelqu'un pour entrer dans la ronde
Pour partager tes nombreux jeux
Quelqu'un tout au bout d'une rade
Ou seul le long d'un quai désert
L'âme et le cœur un peu malades
Dans un quotidien trop amer
Toi tu ne sais pas
Qu'il est au loin de notre France
Ou de chez toi
Sous d'autres toits
Sous d'autres toits
Toi tu ne sais pas
Qu'il est au loin dans une terre un pays lointain
Et qui t'attend
Depuis longtemps

Quelqu'un t'attend au bout du monde
Comme un messie un avenir
À la tête pleine et féconde
Il te verra soudain venir
Quelqu'un t'attend depuis l'enfance
Pour donner du sens à ses jours
Voir la vie comme une romance
Un ciel qui brillera toujours
Toi tu ne sais pas
Qu'il est loin de notre France
Ou de chez moi
Sous d'autres lois

Sous d'autres lois
Toi tu ne sais pas
Qu'il est au loin dans une terre un pays lointain
Et qui t'attend
Depuis longtemps

Quelqu'un t'attend au bout du monde
Mais le bout du monde est ici
Et moi je rêve d'une ronde
Pour nous deux toute la vie
Je sais que tu es mon destin
Le bonheur dessus mon chemin
Je t'aime ici
Je t'aime ici

REVIVRE EN LUI

Déjà sa vie est en partance
Déjà de nouveaux jours l'appellent
Je veux revivre en lui
Je veux revivre en lui
Un temps futur pour lui commence
Sur nos souvenirs à la pelle
Je veux revivre en lui
Je veux revivre en lui

La jeunesse prend ses distances
Quand notre vieillesse s'avance
Un enfant s'est enfui
Ce qui fut notre plus beau rêve
Maintenant qu'un passé s'achève
J'ai le regret de lui
Déjà les souvenirs m'offensent
Ce qui fut hier qui nous interpelle
Je veux revivre en lui

D'autres ont connu cette détresse
Et se sont redit tous les jours
Je veux revivre en lui
Je veux revivre en lui
Alors face au temps qui nous blesse
Je voudrais faire demi-tour
Je veux revivre en lui
Je veux revivre en lui

Les jours d'antan restent illusoires
La voilà bien finie l'histoire
Voici la solitude
Je dois en convenir l'admettre

Le cœur lourd on doit se soumettre
Le soir qui vient sera bien rude
Alors soudain je recommence
Me fabriquant de nouveaux jours
Je veux revivre en lui
Je veux revivre en lui

RIEN QUE NOUS DEUX

Les invités sont fatigués
Voici la dernière chanson
La nuit est déjà avancée
Depuis longtemps
Gens de la ville et gens d'ailleurs
Nous ont souhaité le meilleur
Plein de soleil et de bonheur   Pour l'avenir

Rien que nous deux
Pour des moments d'éternité   Sans plus personne
Pour venir nous dire les mots simples de toujours
Rien que nous deux
Pour pouvoir enfin nous aimer

La journée fut très belle avec enfants et demoiselles
Les sourires et les grands mots   Tant de personnes
Des gens anciens et des nouveaux
Les familles et leurs cadeaux
Les jolies frimousses et des visages plus très beaux

Rien que nous deux
Quand la nuit ouvre sa clarté   Sans plus personne
Pour venir rire ici d'histoires ressassées
Rien que nous deux pour notre doux conte de fée

Conte de toute éternité
Pour délivrer l'humanité
Cette terre pour enchanter   Tant de personnes
D'autres jours sauront nous chauffer
Sous d'autres cieux d'autres années
Pour bénir ces jours en allés nous faire des souvenirs

Mais pour nous deux
Il est grand temps de nous aimer   La nuit étale
Son grand tapis tout bleu où l'on va se pâmer
Mais pour nous deux le rêve va continuer

Mais pour nous deux l'existence peut commencer

SANS FAÇON

Sans façon
Je vous ouvre ma porte
Sans façon
Soyez chez vous chez moi
Et ma voix
Par mes mots vous invite
À partager mon gite
Un instant de bonheur

Sans façon
Soudain je vous apporte
Sans façon
De quoi boire et manger
Mon péché
C'est d'aider juste les autres
De me faire l'apôtre
De la paix dans les cœurs

Je voudrais tout rendre à la vie
Ces moments qu'elle m'a offerts
Toutes ces choses qu'on m'envie
Quand tant de gens vivent l'enfer

Sans façon
Venez seul sans escorte
Sans façon
Je vous offre mon toit
Une foi
Sans arrêt m'interpelle
Pour une joie nouvelle
Où le malheur se noie

Sans façon

J'aime à fournir mon aide

Sans façon
Je bénis mon prochain
Je partage ma chance
Ce ciel auquel je pense
Merci la vie pour tout

Heureux heureux dans ce partage
Ce bonheur que j'offre est bien peu
Quelques phrases sur une page
Un peu d'amour un peu de feu

Sans façon
Quand les jours se succèdent
Sans façon
J'aime l'humanité
Et donne un but à mon existence
Pour gagner qui le sait un coin d'éternité

SI LOIN DE MON PAYS

J'ai rencontré l'amour
La tendresse d'un homme
Depuis pour lui je cours
De Londres jusqu'à Rome
J'ai vu des lieux divers
Parcouru tant de routes
Connu quelques revers
Entre bonheur et doutes
Et pourtant je m'ennuie
Si loin de mon pays

Je passe tout mon temps
Dans des endroits de rêves
Avec mes deux enfants
Que chaque jour j'élève
Les cieux sont toujours bleus
Au-dessous des Tropiques
J'ai tout ce que je veux
Sous un ciel idyllique
Et pourtant je m'ennuie
Si loin de mon pays

Je connais le confort
Les réceptions brillantes
Certains envient mon sort
Tant de journées qui chantent
Je la sens sous mes pas
La nostalgie qui dure
La vieillesse viendra
Sous mes jours en dorure
Et pourtant je m'ennuie
Si loin de mon pays

Je repense à ces jours
Où je revois ma France
Ce tout premier parcours
Où j'ai vécu l'enfance
Il me semble lointain
Ce temps de la province
Ces tout premiers matins
Où je rêvais d'un prince
Car pourtant je m'ennuie
Si loin de mon pays

Parfois je voudrais fuir
Vers mon tout premier monde
Pour un autre avenir
Sans ciel bleu plages blondes
Je ne pourrai jamais
Quitter tous ceux que j'aime
Résignée désormais
J'ai écrit ce poème
Et pourtant je m'ennuie
Si loin de mon pays

SI PAPA MAMAN

Si papa maman
Si papa maman
Avaient fait leur vie
D'un air plus décent
J'aurais fait ma vie
Le cœur en bonheur
Et l'âme en chaleur
Tout prêts à débattre

Loin de ces fléaux
Que l'on doit combattre
J'aurais défié
J'aurais défié
Le monde et bien plus
Toute notre terre
Ces maux tant et plus
Qu'on doit affronter

Si papa maman
Si papa maman
Avaient fait leur vie
D'un air plus décent
J'aurais vu la vie
Aux feux de l'amour
D'un bonheur qui court
Sans ces jours maudits

Quand l'enfance meurt
Et vient à médire
Sur ce temps perdu
Tout le temps perdu
Au temps des regrets
Des journées sans rire

On doit partager
Trop souvent le pire
Et dans un élan
Et dans un élan
Le cœur apaisé
Le cœur allégé
J'aurais pris la route
Loin des maux sans nom
Ecartant les doutes
Loin d'une prison

SUR LES PAS DU GRAND MEAULNES

Sur les pas du grand Meaulnes on voudrait s'en aller
Sur les pas du grand Meaulnes on rêve de folies
On voudrait conquérir un pays inventé
Des terres mystérieuses des fêtes infinies

Sur les pas du Grand Meaulnes on cherche l'évasion
Un château mystérieux des lieux imaginaires
Un départ imprévu une étrange mission
Un parcours tout au loin qu'on fait en solitaire

Sur les pas du grand Meaulnes le voyage est lointain
Sur les pas du Grand Meaulnes apparaît un visage
Et les yeux de l'amour qui file entre les mains
Et déjà se dessine une nouvelle page

Sur les pas du grand Meaulnes s'élèvent les soupirs
Des regards langoureux quelques mots qu'on échange
Le temps qui court déjà l'improbable avenir
Effacent tous les mots que le passé dérange

Car la fin de l'histoire a perdu ses couleurs
Mais la fin de l'histoire a tué le mystère
À côté du grand Meaulnes est passé le bonheur
Et les vieux souvenirs ne peuvent que se taire

TANT DE VOYAGES

Nous avons fait de grands voyages
Nous avons fait tant de voyages
Et passé de nombreux moments
À vivre à deux
Nous avons connu les printemps
Le ciel tout bleu le triste temps
La pluie des mauvais jours
Les instants bienheureux
Les ans chantaient leur doux refrain
Souvent des couplets incertains
Car dans le vent de l'existence
Brulent puis s'éteignent les feux
Mesdames rancune et rancœur
Les rires et les mots menteurs
Tant de mirages

Nous avons fait de grands voyages
Nous avons fait tant de voyages
Ici ou bien très loin
Dans la foule tous deux
Des enfants nous accompagnaient
Au fil des espoirs des regrets
Tout au long de la vie
Des moments bienheureux
Pourtant aujourd'hui tu t'en vas
Là-bas où l'on ne revient pas
Au pays noir où l'on trépasse
Tu pars là-bas vers d'autres cieux
Là où se termine notre âge
Je revois à travers les pages
Tous nos voyages tant nos voyages

TOUJOURS VIVANTS

Ici au loin le canon
Couche nos compagnons
La mort va claironnant

Il pleut des morceaux de fer
Sur un désert ouvert
Des larmes de géant

La guerre fait son travail
Tel un épouvantail
Un monstre malfaisant

Nous aurons tout enduré
La mort bien des dangers
La pluie le froid et le vent

Et nous sommes toujours vivants

On aperçoit l'ennemi
Un village est détruit
Le monde est déchirant

Il tombe des bouts de mort
Sur nous sur nos renforts
Sur la terre et les champs

Le mal refait son refrain
Et fauche les copains
Pour d'éternels tourments

Qui vivra d'autres parcours
Reverra son amour
Malgré le ciel sanglant

Et nous sommes toujours vivants

Nous sommes des enfants nus
Des spectres rien de plus
Gaspillant leurs vingt ans

On dira le cœur serein
Plus tard notre destin
Un jour à nos enfants

Et nous sommes toujours vivants

UN AMOUR À CONTRE-SAISON

Avec ferveur brille la flamme
De notre amour dessous l'hiver
Avec tendresse tu te pâmes
Sous le froid avec ses revers
Le ciel a ses teintes glaciales
Lorsque nous avec déraison
Nous vivons une nuit nuptiale
Un amour à contre saison

Nous vivons la simple tendresse
Sous les jours torrides d'été
Trop sages quand plus rien ne presse
Des douceurs de la volupté
Juillet-aout passeront très vite
Toutes les amours se mourront
Tandis que nous vivrons la suite
D'un amour à contre-saison

Nous avons gardé la jeunesse
Et l'amour s'appelle toujours
Notre fortune la richesse
Répondent de ce mot amour
Si nous vivons une autre époque
Nous gardons la même chanson
Nous construisons sans équivoque
Un amour à contre-saison

UN AN DÉJA

Les mois ont chanté leur chanson
Devant un nouvel horizon
Laissant nos pauvres cœurs en détresse
Le monde reste indifférent
Un jour triste l'autre content
Ecrivant ses maux ses prouesses

Le temps poursuit son vieux parcours
Comme un vil animal qui court
Sans voir gémir nos deux cœurs accablés
Quand tous les deux nous poursuivons
Le chemin malgré la rançon
Que chacun il nous faut payer

Un an déjà un an passé
Loin de nos vies ensemble
Quand tous nos jours ressemblent
Aux jours désenchantés
Un an déjà un an passé
Loin de ce qui fut nous
Nos instants les plus fous
Nos moments les plus doux

Nos enfants ont pris l'habitude
De nos regards de solitude
Dans leurs premiers instants de tristesse
Alors bien souvent malgré tout
On se dit alors qu'après tout
D'autres voient leur passion qui baisse

Des parents des amis ajoutent
Des mots perfides à nos doutes

Avec une joie un plaisir malsain
Chacun veut raviver la braise
D'un enfer vautré dans ses aises
Rêvant de tristes lendemains

D'autres revivent cette histoire
De l'amour avec ses déboires
Dans une existence bête à pleurer
De qui venait pourtant la faute
Mais à ce mot chacun sursaute
Quand tous nos maux à prouver

Un an déjà un an passé
Loin d'une vie ensemble
Quand tous nos jours ressemblent
Aux jours désenchantés
Un an déjà un an passé
Loin de qui fut nous
Nos instants les plus fous
Nos moments les plus doux

UN ENFANT

Il était arrivé très tôt
Comme le plus beau des cadeaux
Il était là sous notre toit
Attendu comme le messie
Avec sa toute jeune vie
Et l'avenir auquel on croit
Et ses deux yeux qui pétillaient
Annonçaient déjà une enfance
Un avenir comme une chance
À laquelle nous on croyait

Un enfant
Notre enfant du printemps
Sans ses premiers tourments
Prêt à prendre son tour

La guerre est soudain arrivée
Avec son lot de maux glacés
Un bateau l'emmenait au loin
Lutter pour de lointains espaces
Nous laissant seul à notre place
Pour courir un autre destin
Nous n'imaginions guère alors
Qu'allait venir un jour funeste
Comme un démon comme une peste
La mort comme un horrible sort

Un enfant
Notre enfant de vingt ans
Très loin de ses parents
De son premier amour

Le débarquement est venu
Sur ce sol normand inconnu
Le canon a tonné soudain
Crachant tant de flammes immondes
Et le temps de quelques secondes
Pour enflammer le moindre coin
Seul nous reste pour souvenir
Quelques photos quelques images
Pour nos deux pauvres cœurs en cage
Qui depuis ne font que gémir

Un enfant
Notre enfant disparu
Sur une terre nue
Loin de son Canada
Mort

UN GENTIL GARÇON

J'étais au jour de ma naissance
Un être comme tant et plus
Et j'ai traversé mon enfance
Comme tant d'autres inconnus
Je n'étais ni ange ni bête
J'apprenais toutes mes leçons
Tout en aimant plaisirs et fêtes
Et j'étais un gentil garçon

Un jour est arrivée la guerre
On m'a dit de choisir mon camp
J'ai fait comme chacun naguère
En fonction des évènements
Certains m'ont considéré traitre
Agent d'une basse mission
Je n'ai fait que suivre mes maîtres
Et j'étais un gentil garçon

J'ai dû employer la torture
Comme m'ont appris mes parrains
Quand la puissance vous procure
L'envie d'écraser son prochain
Puis j'ai tué par habitude
Sans trop me poser de questions
Meurtrier dans la multitude
Et j'étais un gentil garçon

Je n'ai pas vu la Belle-Époque
Ni connu le temps des yéyés
Dans un monde sans équivoques
Où il faisait bon danser
J'ai dû subir une sentence
Sous les injures à foison

Dans ce passé auquel je pense
Et j'étais un gentil garçon

À la fin des noires années
On m'a placé devant un mur
Maudissant mon âme damnée
Et mon comportement impur
Je n'ai pas compris cette rage
De m'infliger une rançon
J'étais toujours dans mon bel âge
Et j'étais un gentil garçon

Je ne me sens pas très coupable
Des choses dont on m'accusait
Tous ces délits abominables
Pour lesquels on m'exécutait
J'ai parcouru mon existence
Tragique plus que de raison
J'ai surtout connu la malchance
Pourtant j'étais un gentil garçon

UN SOURIRE

Un sourire
Ça vient tout à coup vous séduire
Ça peut remplacer un empire
Vous apporter un air de fête
Dans la tête
Il vient et sait vous enchanter
Le voici à vos côtés
Simple passant
En coup de vent
Qui soupire

Un sourire
Ça s'en vient sans vous prévenir
Mais on ne peut le retenir
Il passe là à toute allure
L'âme pure
Et pour peu qu'on aime ses yeux
On le saisit l'air joyeux
Comme un ami
Avec l'habit
D'un sourire

On le cherche
On le veut
Le recherche
Sous les cieux
Tel un précieux trésor
Tel de l'or

Il grimace
Fait semblant
Il s'efface
Grimaçant

Malgré tout
Et partout
Il survit

Un sourire
Ça nait tout à coup sans rien dire
Comme son vieux cousin le rire
On l'oublie dans mille aventures
En pâture
Quand on s'en va vers l'inconnu
Sera-t-il présent au menu
Tous les matins

Ou dès demain
Le voilà

Un sourire
C'est presque rien un peu de joie
Un peu d'espoir sous notre toit
Quelque chose comme un livre
Pour revivre
C'est une fortune un trésor
Un paravent contre la mort
Quand on reçoit
Là malgré soit
Un sourire

RÉCAPITULATIF DES POÈMES

Bonjour l'enfant	P11
Comme nous	P13
Comme un lac immense	P14
Comme une chanson de Prévert	P16
Dans des lits sur la terre	P18
Dans tes yeux	P20
Des mots des phrases	P22
Donner un sens à ma vie	P23
En parcourant la toile	P25
Je crois	P27
Je me souviens de nous	P30
Je partirai là-bas	P32
Je recommencerais	P33
Je repars chez mon père	P35
Je reviendrai	P36
Je voudrais voyager	P38
Le mari de ma maman	P39
Le monde va son cours	P41
Le naufrage	P43
Le nouveau-né	P45
Le plus beau de tous mes projets	P47
Le temps perdu	P49
Les hommes dans la rue	P51
Les remplaçants	P53
Ma remplaçante	P55
Méfiez-vous de l'eau qui dort	P57
Mon chemin	P59
Mon demi-frère	P61
Mon fils	P62
Nos enfants sont grands	P65
Nous avons semé des cailloux	P67
Nous resterons amis	P69

Ô vous les jours	
On rêve	P72
Où vas-tu	P74
Pars	P76
Quelqu'un t'attend	P77
Revivre en lui	P79
Rien que nous deux	P81
Sans façon	P83
Si loin de mon pays	P85
Si papa maman	P87
Sur les pas du grand Meaulnes	P89
Tant de voyages	P90
Toujours vivants	P91
Un amour à contre-saison	P93
Un an déjà	P94
Un enfant	P96
Un gentil garçon	P98
Un sourire	P100

Imprimé en France par Lulu.com
Dépôt légal : novembre 2017

www.ingramcontent.com/pod-product-compliance
Lightning Source LLC
Chambersburg PA
CBHW071303040426
42444CB00009B/1850